LE

CENTENAIRE DE 89

DISCOURS DE M. DE MAROLLES

A L'ASSEMBLÉE DES CATHOLIQUES

de 1888

LE
CENTENAIRE DE 89

Monseigneur,
Mesdames,
· Messieurs,

Hier soir, notre illustre président, avec quelle éloquence, vous le savez, nous parlait d'un anniversaire : c'était d'un cinquantenaire glorieux, celui de Léon XIII, notre Père bien-aimé. Je viens, ce soir, vous entretenir d'un autre anniversaire, qui évoque des souvenirs non d'amour, mais d'horreur, du centenaire de la Révolution française. Vous en avez connu l'annonce; vous avez appris que la Révolution s'apprête à célébrer sa victoire, vous savez à quelle fête on convie notre France pour l'année qui va suivre; vous savez les préparatifs de cette exposition internationale à laquelle se refusent de participer les vieilles nations d'Europe. Au milieu du Champ-de-Mars, vous voyez s'élever une tour colossale aussi prétentieuse par ses dimensions babyloniennes, que dénuée de tout sentiment artistique, véritable symbole, dans sa force matérielle, de la Révolution française.

Dans toute les grandes villes de France, à Lille, à Nantes, à Bordeaux, à Marseille, à Lyon, se sont fondées des sociétés pour propager l'idée du centenaire. A Paris, il existe au moins trois sociétés de ce genre. Le monde officiel s'agite, des commissions s'établissent, on fait des projets de loi pour élever un monument commémoratif de la Révolution, pour dresser des colonnes dans toutes les communes de France, pour fonder un musée spécial. La presse, la parole, les exhibitions concourent à raviver les souvenirs de cette date fameuse. On n'épargnera pas les millions. Vous tous, contribuables, ne serez-vous pas joyeux de participer de votre bourse à cette belle fête nationale? (*Rires.*)

Qui donc nous convie à ces fêtes? Les noms de ceux qui signent ces manifestes, vous les avez déjà vus figurer au bas de quelque décret inique, ou de quelque loi anti-française. (*Très bien! et applaudissements.*) Ces noms vous les voyez s'étaler dans les listes de la franc-maçonnerie et de la libre-pensée; vous les avez rencontrés partout où se produisent des attaques contre ce que vous avez de plus cher. Et alors, à l'annonce de cette fête, vous tous qui appartenez à la France chrétienne, vous avez éprouvé dans votre cœur un sentiment d'épouvante, et devant vos yeux ont passé les images sanglantes, les souvenirs sinistres, et vous vous êtes souvenus de ce mensonge perpétuel qui fut le langage de la Révolution.

Alors l'iniquité se nommait justice, le crime s'intitulait vertu! Et voilà les souvenirs qu'on vous invite à célébrer au nom de la France moderne.

Mais en même temps, vous voyez se dresser en face de l'œuvre révolutionnaire toutes ces œuvres catholiques fondées pour arrêter le torrent du mal,

et qui viennent ici chaque année exposer leurs travaux.

Vous avez entendu la parole ardente de cet illustre
orateur, votre président, aussi ferme contre les
entreprises du despotisme qu'il fut énergique contre
les empiétements du pouvoir arbitraire. (*Vifs applaudissements.*)

Les congrès s'assemblent de toutes parts.

Vous parlerai-je du Congrès *des Œuvres ouvrières*,
de cette *Union* fondée par un saint et continuée par
un apôtre? Ai-je besoin de vous rappeler ce magni-
fique Congrès scientifique, où un éminent prélat,
dont l'éloge est ici dans tous les cœurs, a voulu
opposer à l'orgueil de la science libre-penseuse les
trésors de la science chrétienne? (*Applaudissements.*)

Bientôt, vous le savez, va s'ouvrir à Paris le Congrès eucharistique, pour célébrer dignement le plus
doux et le plus consolant de nos mystères.

Mais écoutez le vœu de l'*Assemblée des catholiques du
Nord*. Il nous permet de dire à plus juste titre qu'on
ne l'a dit ailleurs :

« C'est du Nord aujourd'hui que nous vient la
lumière. » (*Rires et applaudissements.*)

Voici le vœu acclamé au Congrès de Lille, au mois
de décembre dernier :

« Attendu que le centenaire de 1789 se présente
« avec le caractère d'une manifestation officielle et
« nationale du triomphe de la Révolution athée
« contre l'Église catholique, c'est-à-dire de l'armée
« de Satan contre l'armée de Dieu ;

« Attendu que, si les catholiques français laissaient

« passer sans protestation cette manifestation natio-
« nale, ils s'en rendraient pour ainsi dire solidaires
« devant Dieu et devant le monde;

« Attendu que ce projet est désormais le grand
« objectif de tous les révolutionnaires, francs-
« maçons, juifs, socialistes, anarchistes, en un mot
« de tous les adversaires de Notre-Seigneur Jésus-
« Christ;

« L'Assemblée des catholiques du Nord émet le
« vœu que tous les catholiques, dans leurs congrès
« et leurs assemblées, se préoccupent des moyens de
« protester ouvertement, publiquement contre cette
« manifestation, et de dégager de toute solidarité
« avec la secte qui opprime la France, la responsabi-
« lité de la France de saint Louis, de Jeanne d'Arc et
« du Sacré-Cœur. » (*Bravos, applaudissements prolongés.*)

Voilà le langage que les œuvres catholiques op-
posent au langage de la Révolution.

Mais on nous dit : Non, il ne s'agit pas de célébrer
ces souvenirs sinistres. Dans les périodes troublées
de notre histoire, dans la contradiction des idées, il
a pu se produire des désordres. Ce qu'on veut célébrer, c'est l'essor immense donné à la pensée par les
principes de 1789, c'est cette ère moderne dans
laquelle nous sommes entrés et qui prend sa date
de la grande époque révolutionnaire.

Voici comment s'exprimait à ce sujet, dans un
discours prononcé à Nantes le 6 février 1887, un des
orateurs les plus autorisés de la Révolution, M. Col-
favru, député de Seine-et-Oise, l'une des gloires de
la franc-maçonnerie :

« Oui nous avons à faire le centenaire de la Révo-
« lution française, et nous le ferons avec une splen-
« deur digne d'elle.

« Et malgré une Chambre où le parti réaction-
« naire possède une grande force, nous recevons du
« pays un encouragement à marcher vers l'avenir.

« Nous n'avons qu'une route à suivre, celle indi-
« quée par nos aïeux dans la *Déclaration des droits*
« *de l'homme.*

« Je vous engage à la lire, cette sublime déclara-
« tion. Faites-la pénétrer dans les campagnes ;
« apportez à ces populations encore sous le joug
« clérical les principes qui en découlent.

« Que partout, dans chaque canton, dans chaque
« commune, se forment des comités pour fêter
« dignement en 1889 l'anniversaire de la Révolution
« française. »

Vous le voyez, ce dont il s'agit ici, ce n'est pas de
la Marianne ; (*Sourires.*) c'est de la Révolution doc-
trinaire, de la Révolution scientifique.

On nous invite à lire la Déclaration des droits de
l'homme : nous l'avons lue ; la lumière est faite.

Il y a longtemps qu'un illustre génie, dont la
grande âme semble revivre dans la brillante école
qu'il a laissée derrière lui, Le Play, a défini d'un
mot les principes de 1789 ; il les a nommés « les
faux dogmes de la Révolution ». Ce sont bien des
dogmes, n'est-ce pas ? car c'est une foi nouvelle
qu'on veut imposer comme un Évangile aux générations futures.

Plusieurs d'entre vous ont assisté au Congrès des

jurisconsultes chrétiens qui s'est tenu récemment à Montpellier, et dont les travaux se sont particulièrement portés sur l'étude des principes de 1789. Ces jurisconsultes, présidés par l'un des plus éminents d'entre eux, semblent vouloir, en notre siècle, réparer le mal qu'ont fait les jurisconsultes du xv° et du xvi° siècle. Ils nous ont laissé, dans les travaux de cette grande assemblée, tout un arsenal d'armes merveilleuses pour combattre les erreurs de la Révolution.

Plus particulièrement, à l'occasion du centenaire, une œuvre sœur, la Société bibliographique, que je suis heureux de saluer ici, et qui a bien voulu m'autoriser à dire quelques mots de son projet, vient de fonder un *Comité de propagande contre la célébration du centenaire révolutionnaire de 1789*. La Société bibliographique a pris l'inverse du mot de M. Jules Simon, que « ce n'est pas le canon qui a pris la Bastille, mais bien le livre ». Elle veut, par la diffusion des bons livres, combattre le mal que font les mauvaises lectures. Si le livre a détruit la Bastille, dont on faisait l'emblème de la servitude, le livre chrétien élèvera un autre monument qui sera l'emblème de l'affranchissement de notre patrie : l'église du Sacré-Cœur! (*Applaudissements.*)

La Société bibliographique dépense son zèle et ses ressources en répandant, parmi toutes les classes de la société, un nombre immense de volumes. A l'approche du centenaire, elle s'est plus particulièrement appliquée à éditer des ouvrages qui ont pour but de rétablir la vérité de l'histoire et de réfuter les légendes menteuses de la Révolution.

Son comité est divisé en quatre sections : la première s'occupe plus particulièrement de la propagande des livres, des brochures, des journaux. Parmi les ouvrages recommandés, je ne puis guère que citer au hasard ceux de M. d'Héricault sur l'histoire de la Révolution ; les *Bienfaits de la Révolution*, par M. le marquis de Moussac ; les *Cahiers de 89*, par M. de Poncins ; l'*Ancien régime et la Révolution*, par M. Carion. La deuxième section s'occupe de préparer des conférences. La troisième section se tiendra au courant de ce que font les adversaires et les amis, pour s'opposer aux premiers et s'unir aux autres ; la quatrième section produit les ressources matérielles qui sont le nerf de la guerre. Une telle œuvre mérite nos plus ardentes sympathies.

Enfin, permettez-moi d'insister plus spécialement sur l'entreprise de l'Association que je représente ici, de vous exposer en quelques mots, le plan d'action de l'*Œuvre des Cercles catholiques d'ouvriers*. Cette Œuvre, qui est à la fois un centre d'études et d'applications pratiques, envisage la Révolution au double point de vue scientifique et social. Elle prend la société moderne telle qu'elle est, et lui demande, après cent ans d'expérience, quel a été le fruit de l'œuvre révolutionnaire. Elle veut savoir si ces grandes choses dont s'enorgueillit notre siècle sont les conséquences des principes de la Révolution, ou si, au contraire, ces principes ne conduisent pas la société à des dangers qui menacent l'ordre social.

Est-ce à dire que tout soit à rejeter dans la *Décla-*

ration des droits de l'homme? « Ceux qui détruisent tout, a dit Burke, ne peuvent manquer de détruire quelque mal, et ceux qui font tout à neuf ont beau jeu pour faire quelque bien. » Mais prenons la *Déclaration des droits de l'homme* dans ses origines. Nous comprendrons mieux la portée de ses doctrines.

Ces origines, tout le monde les connaît. Il faut lire là-dessus l'admirable ouvrage du P. Deschamps, si heureusement mis à jour et complété par l'éminent professeur M. Claudio Jannet. On sait l'histoire du grand convent international de Wilhelmsbade, auquel prit part Mirabeau et d'où il ramena, pour les introduire dans la Loge « des Amis réunis », les deux Prussiens Bude et Busche. On sait que c'est dans cette réunion mystérieuse de 1785 que la Révolution universelle a été prévue et préparée, parce que la France était, à cause de son esprit de prosélytisme, le terrain le plus fécond pour la diffusion des idées.

La *Déclaration des droits de l'homme* est sortie tout d'une pièce des conseils de la maçonnerie. Neuf projets, tous conçus dans le même esprit, ont été condensés par Mirabeau en un texte définitif et sont devenus cette fameuse Déclaration des droits, votée par l'Assemblée nationale et mise en tête de la Constitution de 1791.

Telle est l'origine toute maçonnique de ce document, singulier mélange d'aphorismes philosophiques et d'affirmations où se reflète encore quelque chose de la morale chrétienne. Mais l'erreur domine.

L'article 3 peut être considéré comme la base de

ce qu'on appelle le droit moderne : « Le principe de toute souveraineté réside dans la nation. Nul corps, nul individu ne peut exercer d'autorité qui n'en émane expressément. »

Voilà bien le principe en vertu duquel tout ce qui domine en haut vient d'en bas. L'autorité appartient au nombre.

Quelle est la formule de l'autorité? C'est la loi. Or la loi est-elle l'expression d'un droit suprême d'une morale supérieure? Non, elle est l'expression de la volonté générale. « Tous les citoyens ont le droit de concourir personnellement ou par leurs représentants à sa formation. » La source de tout droit, de toute autorité, c'est le suffrage universel.

Que devient alors l'autorité religieuse, que deviennent les principes de la morale chrétienne! Il n'y a rien, nulle autorité, nul corps enseignant, nul principe supérieur à la volonté de la nation. Donc il n'y a rien en dehors de l'État, puisque c'est l'État qui personnifie la nation. L'État est législateur, l'État est Dieu, car il est au-dessus de toutes les puissances.

Et qui exerce le pouvoir politique? Le peuple, par lui-même ou par ses délégués. Donc, pas de pouvoir perpétuel, une délégation sans cesse renouvelable, car les générations qui suivent ne sont pas obligées d'accepter ce qu'ont fait leurs aînées.

Et la propriété, que Dieu a donnée à l'homme pour développer son activité, comment la Révolution en reconnaît-elle le principe? Mirabeau et, après lui, les rédacteurs du Code civil proclament que la propriété est conférée et assurée par la loi. Or, ce que la loi a donné, elle peut le reprendre. La loi fait l'homme propriétaire. Elle peut l'exproprier au nom de la société.

Ainsi, pas d'autorité religieuse, pas d'autorité politique, pas de droit personnel de propriété contre le droit souverain, absolu et renouvelable de l'État représentant de la nation. Telle est la conséquence logique, rigoureuse des principes proclamés dans la *Déclaration des droits de l'homme.*

Voilà ce que nous avons trouvé au fond de la théorie révolutionnaire. Et alors nous demandons si c'est en vertu de pareils principes que tout ce qu'il y a de grand, de bon, de vertueux et de solide subsiste encore dans le monde.

A la libre-pensée impie, au rationalisme athée, nous opposons les principes éternels de l'ordre social chrétien; au droit versatile et changeant, qui subit le caprice des foules, nous opposons le droit historique et traditionnel qui seul peut assurer l'avenir; à la fausse liberté, à l'individualisme qui réduit les hommes en des grains de poussière sous la puissance unique de l'État, cet être innommé, sans oreilles et sans entrailles, tantôt Assemblée tumultueuse, tantôt César de rencontre, nous opposons le groupement des intérêts vitaux de la nation, l'organisation corporative en un mot, comme étant la solution vraie entre l'anarchie et le socialisme d'État. C'est ainsi que nous voulons, dans l'ordre économique, rendre la vie à notre agriculture, à notre commerce, à notre industrie, et replacer la France au rang qui lui appartient. (*Bravos, applaudissements.*)

Voilà les graves questions sur lesquelles nous avons provoqué une enquête, à laquelle nous vous demandons de prendre part. L'Œuvre des Cercles catholiques d'ouvriers emploiera à cet effet son organisation à Paris et dans toute la France. Nous n'oserions affirmer que cette enquête sera aussi complète que nous le désirons. Mais le temps presse; le centenaire approche; nous ferons ce que nous pourrons; nous ferons beaucoup si vous nous aidez.

Et à cause de cela, mériterons-nous qu'on nous appelle des hommes du passé, des gens aux idées rétrogrades, voulant remonter le cours des âges? Laissons dire, nous savons que notre cause est sainte.

Permettez-moi de répondre à ces attaques par une simple comparaison dont vous apprécierez l'exactitude. Voyez ce beau fleuve qui poursuit son cours à travers la campagne. Il s'échappe de sa source; des ruisseaux, des rivières l'alimentent, il féconde les pays qu'il traverse, et répand partout l'abondance et la vie. Tout à coup l'orage s'élève, le tonnerre gronde, la tempête verse des torrents, les flots furieux grossissent, et bientôt une brèche se déclare. La digue est rompue en maints endroits, les eaux du fleuve se précipitent dans la plaine, où elles portent la désolation et la mort. Pourquoi ces désastres? Parce que le fleuve a cessé de suivre son cours, parce qu'il a rompu ses digues, parce que la liberté est devenue licence.

Mais voici que le temps se calme et que la tempête s'apaise. Des ouvriers se précipitent pour réparer la digue, le fleuve rentre dans son lit et il reprend son cours majestueux. (*Applaudissements.*)

Et nous, Messieurs, quand nous demandons aux ouvriers de la bonne cause de faire rentrer dans son lit le fleuve social et de corriger ses écarts, avons-nous besoin de le faire remonter vers sa source? Vous ne le croyez pas, Messieurs; c'est une œuvre de réparation que nous entreprenons et à laquelle nous vous convions. Vous y pouvez tous prendre part, par votre action extérieure dans la vie publique, et vous, Mesdames, par votre douce influence au foyer domestique. Travaillons donc et prions, travaillons pour Dieu et pour la France, au nom du Christ qui aime les Francs. (*Bravos. Salve d'applau dissements.*)

M. Chesnelong. — Voici le vœu que M de Marolles vient de déposer entre mes mains, et qu'il me prie de vous lire au nom de la troisième Commission :

« L'Assemblée des catholiques.

« Attendu que la célébration du centenaire
« de 1789 paraît s'annoncer comme devant être
« la glorification de principes révolutionnaires dont
« l'application logique serait la destruction des
« bases essentielles de l'ordre social;

« Emet le vœu :

« Que les catholiques prêtent leur concours aux
« œuvres ayant pour but de rétablir la vérité histo-

« rique, philosophique et économique sur les con-
« séquences de la Révolution. »

M. Chesnelong. — Permettez-moi d'ajouter à ce
vœu une réflexion qui me saisit. La grande erreur
de l'Assemblée constituante en 1789, c'est qu'elle ne
comprit pas que la vérité sociale était inséparable
de la vérité religieuse. Elle ne comprit pas que,
selon une belle expression du P. Lacordaire, la
vieille société ne sombrait que parce que Jésus-
Christ en était sorti, et que la société nouvelle ne
pourrait trouver de fondations solides que si Jésus-
Christ y rentrait. (*Très bien ! et applaudissements.*)

Oui, Messieurs, si notre société moderne, comme
on l'appelle, cherche péniblement et ne trouve pas
des assises sur lesquelles elle puisse fonder un
édifice durable, c'est qu'elle ne veut pas faire entrer
Jésus-Christ dans ses institutions, mais qu'elle
s'obstine, au contraire, à l'en chasser.

Nous qui sommes les serviteurs de la vérité catholique, nous savons qu'étant divine, elle est par cela
même universelle, que dès lors elle s'applique à
tout, qu'elle est la vérité sociale aussi bien que la
vérité religieuse. Nous sommes donc pour la vérité
catholique, contre les fausses doctrines de notre
temps, comme nous aurions été pour elle contre les
abus de l'ancien régime et contre les fausses doctrines du xviiie siècle. La vérité catholique est de
tous les temps. (*Bravos et applaudissements.*)

Qu'on ne se méprenne donc pas sur nos senti-
ments. Nous ne défendons pas ce qui avait pu se

mêler d'arbitraire, et souvent d'iniquité à l'œuvre
politique et sociale de notre passé d'ailleurs si
grand et si glorieux par tant de côtés, comme il s'en
mêle toujours, dans une certaine mesure, à toutes
les œuvres humaines. Nous sommes convaincus
qu'en 1789, il y avait de grandes réformes à accomplir. M. de Marolles disait tout à l'heure, je dis avec
lui que tout ne fut pas mauvais dans l'œuvre de cette
époque; Monsieur le comte de Chambord disait
lui-même que la monarchie, telle qu'il la compre-
nait, aurait à reprendre, si elle se rétablissait, le
grand mouvement de 1789 dans ce qu'il eut de
national et de légitime. (*Bravos et applaudissements
répétés.*)

Ce que nous répudions, ce sont les faux principes
qui trouvèrent place dans la Déclaration des droits
de l'homme et ce sont les lamentables conséquences qu'ils ont engendrées.

Sous l'influence des doctrines dissolvantes du
xviii⁰ siècle, on rêva pour l'homme je ne sais quelle
indépendance absolue. On méconnut cette vérité
fondamentale, que les vrais droits de l'homme
dérivent de Dieu, et que dès lors c'est dans la souveraineté de Dieu acceptée par tous, par les gouver-
nants comme par les gouvernés, par les nations
comme par les individus, que l'autorité trouve sa
force et son frein, la justice sa base, la liberté sa
règle, le devoir son inspiration, le droit sa garantie.

Là où la souveraineté de Dieu et de sa loi est
méconnue, ce n'est pas le règne du droit. C'est,
sous une forme ou sous une autre, la domination de

l'homme sur l'homme. C'est, nous le voyons bien un mélange hybride de tyrannie et d'anarchie se déguisant sous un vain simulacre de liberté. (*Vifs applaudissements.*)

Or, ce qu'on se prépare à glorifier, à l'occasion du centenaire de 1789, ce sont précisément ces faux principes qui dénaturèrent le mouvement national de cette époque; ce sont les fausses doctrines d'où ils émanaient; ce sont aussi les conséquences tour à tour et souvent à la fois révolutionnaires et oppressives qu'ils ont amenées.

Non, nous ne serons pas de cette fête; nous n'avons pas à nous associer à de telles glorifications. Que d'autres célèbrent la constitution civile du clergé, cette œuvre sectaire qui fut suivie de persécutions si violentes. Catholiques, nous réprouvons cette usurpation des droits de l'Église, nous ne voulons ni la séparation de l'Église et de l'État, ni encore moins l'oppression de l'État par l'Église; notre principe, c'est l'union de l'Église et de la société civile dans leur distinction.

Que d'autres acclament, comme le principe des principes, la souveraineté du peuple révolutionnairement comprise. Nous ne nous courbons pas devant cette idole; nous avons une plus haute idée de ce qu'est une nation. Non, une nation n'a pas le droit de s'isoler dans un coin de l'espace et du temps et de s'y désintéresser, sous l'influence d'un étroit égoïsme, du passé d'où elle sort et de l'avenir vers lequel elle marche. Elle est un être historique, ayant des ancêtres et une postérité, qui vit dans le présent en

s'appuyant sur le passé et en préparant l'avenir, et qui puise dans cette continuité d'existence le principe de sa force et le gage de sa grandeur. (*Bravos et applaudissements.*)

Que d'autres saluent, comme un progrès, la ruine du principe de l'hérédité monarchique qui fut une des conséquences de l'œuvre de 1789. J'aspire pour mon compte, — souffrez cette incursion sur le terrain politique; je n'engage que ma responsabilité, — oui, j'aspire, pour la sécurité, la dignité, la grandeur de notre pays, au retour de ce principe; car il représente précisément le droit traditionnel, venant du passé, se prêtant aux transformations du présent et préparant celles de l'avenir, à la fois stable et progressif comme la nation elle-même. (*Bravos et applaudissements répétés.*)

Donc, nous nous séparons, comme le disait M. de Marolles, de tout ce qu'il y eut d'antichrétien, de destructif, de révolutionnaire dans l'œuvre de 1789; et à cet égard, il y a bien des préjugés à combattre, bien des fausses idées à rectifier, bien des principes pernicieux à dénoncer. On vous invite à ce travail nécessaire, et on a bien raison; car, comme le dit avec vérité le vœu que je viens de vous lire, les conditions mêmes de l'ordre social chrétien y sont engagées.

Mais, M. de Marolles vous l'a dit aussi et j'y insiste: nous reconnaissons que, dans la vieille société telle qu'elle existait à la fin du dernier siècle, il y avait des abus à extirper, des illégalités arbitraires et souvent injustes à redresser, tout un travail de refonte et de régénération à accomplir. Cette régénération, Louis XVI et la nation la désiraient et étaient d'accord pour la réaliser; les cahiers de 1789 furent en quelque sorte l'expression candide et confiante de cet accord. Là était le mouvement national qu'il ne faut pas confondre avec le mouvement révolutionnaire qui le détourna de ses voies.

Eh bien, le mouvement national de cette époque, nous aspirons à le reprendre et à le continuer; le mouvement révolutionnaire, nous le répudions. Nous appelons de tous nos vœux la reconstitution de la société française sur des bases chrétiennes, avec une autorité respectée, avec une liberté garantie, avec une égalité qui, en permettant à tous les mérites de s'élever, laisse leur place à toutes les grandeurs, avec la justice envers tous et le souci généreux des faibles, dans la dignité honorée de tous les membres de la famille française. Nous sommes, nous catholiques, les soldats dévoués de cette grande cause; nous ne sommes pas, comme on nous en accuse, les défenseurs des abus, des arbitraires, des iniquités de l'ancien régime. (*Vive approbation.*)

Nous n'avons tous à cet égard qu'une même pensée. Nous devons, comme M. de Marolles le faisait, ce me semble, tout à l'heure, l'exprimer nettement. Si j'y ai insisté après lui, c'est que trop souvent on nous prête des visées et des desseins qui ne sont pas les nôtres; on dénature nos paroles pour travestir nos intentions. S'il ne s'agissait que de nous, nous n'en serions pas très émus. Nous subissons chaque jour ces injustes attaques et nous ne nous en portons pas plus mal. (*Rires.*)

Mais je songe au peuple qu'on égare par ces déclamations fallacieuses, à ce peuple que nous aimons, que nous voulons servir, et dont les doctrines que nous défendons peuvent seules assurer la dignité dans l'amélioration morale et matérielle de sa condition. Il importe qu'il sache bien que, si nous sommes inébranlablement attachés à la vérité chrétienne qui est de tous les temps, nous sommes aussi de notre temps par l'acceptation cordiale de tout ce qu'il y a de légitime et de généreux dans ses aspirations; que nous ne cherchons pas un retour impossible aux privilèges abusifs qui se mêlaient aux grandeurs de la vieille société française, mais que nous poursuivons l'application à notre temps des principes de toute société chrétienne et civilisée. L'Église, dont nous sommes les fils, travaille toujours à édifier et à relever; elle ne cherche à détruire que le mal. Nous faisons comme elle. (*Bravos et double salve d'applaudissements.*)

15983 — Paris. Imp. F. Levé, rue Cassette, 17.

.